AF285354

Wer bist Du?

Eckhard Schmidt

Bibliografische Information der Deutschen Nationalbibliothek:
Die Deutsche Nationalbibliothek verzeichnet diese Publikation in der Deutschen Nationalbibliografie; detaillierte bibliografische Daten sind im Internet über http://dnb.dnb.de abrufbar.

© 2022 Eckhard Schmidt

Herstellung und Verlag: BoD – Books on Demand, Norderstedt

ISBN: 978-3-7562-1787-8

Vorwort

Dieses Buch habe ich für Dich geschrieben. Ja, für Dich. Ich weiß, dass Du nach einem tieferen Sinn suchst. Nicht zufrieden bist mit der Jagd nach Geld oder Ruhm oder überhaupt nach etwas Äußerem.

Ich weiß, dass Du schon lange weißt, dass es mehr geben muss im Leben als Konsum oder berufliche Entwicklung.

Alles Äußere ist vergänglich und wird niemals auf Dauer befriedigen. Das hast Du bereits erkannt. Wo kann also der Sinn liegen, wenn nicht im Äußeren?

Natürlich innen. Tief in Deinem Inneren. Und genau dort möchte ich Dich jetzt treffen. Höre auf Dein Herz und folge Deiner Intuition.

Dein Buch soll kurz und bündig beschreiben, von wo Du kommst, wer Du bist und welchen Sinn es hat, dass Du hier bist.

Alles wird gut! Davon kannst Du ausgehen.

ICH BIN Eckhard

Wer ist das ICH BIN?

Sicherlich hast Du schon oft in Deinem Leben gesagt **Ich bin** und dann hast Du irgendeine Eigenschaft daran gehängt. Vielleicht hast Du gesagt ich bin eine Frau oder ein Mann. Oder ich bin Mutter oder Vater.

Wie Du vielleicht jetzt schon bemerkst, hast Du Dich damit immer definiert. Du hast damit immer etwas über Dich ausgesagt. Etwas, das Du angeblich bist. Und da hast Du Dich sehr oft getäuscht. Deshalb, weil Du die verschiedensten Dinge von Deinen Bezugspersonen, über Dich gesagt bekommen hast, die überhaupt nicht stimmen.

Beispiel: Eltern neigen dazu zu sagen: „…das hast Du von Deinem Vater oder von der Mutter oder diese Eigenschaft ist in unserer Familie sehr ausgeprägt. Alle Frauen in der Familie, waren gute Mütter oder alle Männer haben viel gearbeitet". Du kennst solche Aussagen ja.

Die Frage ist jetzt, hat das auch immer gestimmt? Warst Du tatsächlich so? Wenn ja, dann liegt das daran, dass Deine Bezugspersonen von Dir als Autoritäten empfunden wurden und Du ihnen alles geglaubt hast.

Dann hast Du gedacht: Ja, **ICH BIN** so wie es gesagt wurde.

Wenn nicht, dann wolltest Du auf keinen Fall sein wie Dein Vater oder Deine Mutter, weil Du diese als unvollkommen empfunden hast. Weil Du nicht so sein wolltest wie Deine Vorfahren.

Dann bist Du anders geworden und die Bezugspersonen haben dann gesagt, dass Du aus der Reihe tanzt und haben Dich als Außenseiter empfunden.

Dann hast Du für Dich gesagt: **ICH BIN** nicht so, wie sie gesagt haben.

Warum erzähle ich Dir das alles? Du kennst es ja sehr genau und könntest selbst viele Beispiele aufzählen? Nun, vielleicht fällt Dir auf, dass Du Dich mit der Aussage **ICH BIN** jedes Mal definiert hast.

So, jetzt wird es schon langsam klarer. Wenn Du alle Definitionen von Dir weglässt und Dich nur auf die Aussage **ICH BIN** reduzierst, dann erkennst Du, dass Du das **ICH BIN** bist. Fühle doch einmal genau hinein in dieses **ICH BIN**. Es ist reines Bewusstsein, ohne irgendwelche Eigenschaften oder Merkmale.

ICH BIN, bleibe mal einige Minuten dabei und versuche nur zu sein. ICH BIN.

...

Du bist also. Fein, freut mich. Aber was bist Du? Stimmt es was andere über Dich gesagt haben?

Also zunächst bist Du ja nur reines Bewusstsein, bewusstes Sein. Und was ist genau Bewusstsein? Naja, einfach ausgedrückt, Du weißt dass Du bist.

Das ist Bewusst – sein. ICH BIN.

Wenn Du nun bei dem ICH BIN bleibst, dann bist Du einfach. Dann bist Du nur Bewusst - sein. Wenn Du aber jetzt hinter dieses ICH BIN irgendeine Eigenschaft anhängst, dann bist Du das. So war es zumindest bisher immer. Wenn die Mutter gesagt hat, Du bist ein gutes Kind, dann hast Du ihr geglaubt und zu Dir selbst gesagt: ICH BIN ein gutes Kind – und dann hast Du Dich entsprechend verhalten. Entsprechend Deiner Vorstellung von einem guten Kind.

Egal, was die Eltern in Deinen ersten Lebensjahren über Dich gesagt haben, Du hast es ihnen geglaubt und gedacht ICH BIN so.

Ha, hier liegt der Hase im Pfeffer. Deine Eltern wussten überhaupt nicht wie Du bist. Weil sie von ihren Eltern auch nur falsche Informationen erhalten haben. Ihnen ging es wie Dir. Sie haben ihren Eltern auch alles geglaubt und auch diese wussten nichts Genaues über ihre Kinder.

So, was bedeutet das denn? Wenn Du immer zu dem wurdest, was Du von Dir dachtest, was Du an Dein **ICH BIN** angehängt hast, dann bedeutet es ja: Du hättest alles werden können. ALLES. Du hättest nur sagen brauchen **ICH BIN** intelligent, wunderschön und voller guter Ideen. Oder was immer Du gerne gewesen wärst!

Und, kannst Du das glauben? Noch nicht so richtig, gell?

Woran könnte das liegen? Naja, zunächst einmal scheint es zu schön um wahr zu sein. Auch so ein Spruch den Du sicherlich kennst, der aber völlig einschränkend ist. Es gibt nichts, das zu schön ist, um wahr zu sein ist.

Aber Du könntest auch anders denken. Du könntest die riesige Chance erkennen die darin liegt. Es bedeutet ja, dass Du alles sein kannst, was Du willst.

Aber wie willst Du eigentlich sein? Bisher beruhen Deine Wünsche ja auf dem, was Du bisher über Dich gedacht hast. Wenn Du es von dieser neuen Warte aus betrachtest, nämlich aus der Sicht des **ICH BIN**, dann hast Du vielleicht ganz andere Wünsche. Könnte sein, oder?

Das sollte aber im Moment noch keine Rolle spielen. Wichtig ist, dass Du Dir merkst, dass Du alles sein kannst was Du willst. Später, wenn wir über den Sinn des Lebens sprechen, werden Deine Wünsche aus dieser höheren Sicht völlig klar sein.

Jetzt wäre der richtige Moment, um kurz inne zu halten und über das bisher Erkannte zu meditieren. Meditieren kannst Du ja, oder? Vorsichtshalber eine kurze Anleitung, um was es beim Meditieren geht und wie Du es am Besten machst.

Es geht darum nach Innen zu gehen. Weit oder tief nach Innen, so dass Du vergisst, dass Du einen Körper hast. Das geht am Schnellsten und Einfachsten indem Du Dich hinlegst und Deine Hände in Höhe Deines Herzens auf Deine Brust legst. Dann achtest Du an dieser Stelle auf Deine Atmung, wie Du ein und ausatmest. Den Atem nicht beeinflussen, ihn einfach fließen lassen, ganz so wie er will.

Dann wirst Du recht schnell in eine tiefe Meditation versinken. Wenn Du dort angekommen bist, dann gehe von Deinem Atem weg und denke: Wer bin ich? Was bin ich? Warum bin ich hier?

Dann höre auf Deine innere Stimme. Was kommen da für Antworten. Vielleicht siehst Du Bilder oder Du hörst eine Stimme oder es fliegen Dir einfach Gedanken Durch den Kopf, die Dir etwas erklären wollen. Bleibe eine zeitlang dabei und dann begebe Dich in Dein normales Tagesbewusstsein, einfach indem Du Dich entschließt wieder in Deinen Alltag zurückzukehren.

So, das hört sich etwas kompliziert an, ist es aber nicht. Ob Dir beim ersten Mal bereits eine Antwort ins Bewusstsein kommen wird, kann sein, muss aber nicht.

Wichtig ist, dass Du den Zustand erfährst, wo Du Deinen Körper vergisst. Auch das muss nicht beim Ersten Mal gelingen. Das muss geübt werden und das macht Spaß, denn je tiefer Deine Meditation gelingt, desto angenehmer wird Dein Gefühl dabei sein.

Kannst Du Dir das jetzt genau vorstellen? Wer bist Du, wenn Du alle Definitionen über Dich weg lässt?

Vielleicht kannst Du ein Beispiel gebrauchen, um Dir besser vorstellen zu können, was das reine **ICH BIN** ist und wie es zustande kam, dass Du vergessen konntest, wer Du eigentlich bist.

Im nächsten Kapitel gebe ich Dir ein Beispiel wie Du Dir vorstellen kannst, was geschehen ist und wer Du eigentlich bist. Auch der Sinn des Lebens wird darin bereits erkennbar.

Das Beispiel

Stell Dir vor, Du willst wissen, wie sich ein Gartenzwerg fühlt? Vielleicht der mit der Gießkanne. Was macht er? Wo schaut er hin und wie fühlt er sich?

Nun, um diese Frage zu klären, wäre es am Besten, wenn Du Dich in ihn hineinbegeben könntest, oder? Dann hättest Du seine Perspektive auf sein Umfeld.

Also stell Dir einmal vor, Du könntest Dich in ihn hineinversetzen. Was siehst Du dann?

Zunächst weißt Du wohin er sieht. Dabei fällt Dir auf, dass er eine viel kleinere Perspektive hat als Du. Seine Kumpane sind genauso groß wie er und er hegt Gefühle für sie. Er kann die Musik hören, die der Zwerg mit der Ziehharmonika spielt. Er riecht die Blumen und kann das Gras unter seinen Füssen spüren. Er fühlt die Temperatur. Ist es warm oder kalt im Freien?

All das könntest Du spüren, wenn Du Dich in ihn begeben könntest. Das wäre doch ein interessantes Erlebnis, oder?

Was denkt der mit der roten Schubkarre? Wie geht es dem gerade? Jetzt merkst Du, dass Du Dich auch in diesen versenken können müsstest um das Zwergen- leben genauer kennen zu lernen.

Aber was wäre Deine erste Erkenntnis, die Du als Zwerg fühlen würdest? Genau: **ICH BIN** ein Zwerg. Danach würdest Du dann feststellen welcher Zwerg Du bist, wie Du aussiehst und was Du da machst.

Deine erste Erkenntnis, wenn Du im Körper des Zwerges erwachst, wird aber lauten **ICH BIN** ein Zwerg!

Jetzt stelle Dir einmal vor Du wärst, sagen wir mal, ein Geist. Ähnlich wie ein Nebel könntest Du Dich gleichzeitig in alle Gartenzwerge hineinbegeben.

Wie würde sich das anfühlen? Was wäre Deine erste Erkenntnis? **ICH BIN** alle Zwerge. Jetzt könntest Du fühlen wie sich die Gruppe untereinander fühlt, wie sie interagieren und wer wen mag oder auch nicht mag. Alles interessante Erfahrungen, die Du da machen könntest.

Nun stelle Dir vor, der Geist ist riesig. Er kann sich nicht nur in die Zwerge sondern auch in die Blumen, das Gras und die Erde hineinbegeben.

Wenn es nun einen Geist, ein Wesen geben würde, das sich in alles, wirklich in alles was es gibt hineinbegeben könnte, dann könnte man es doch auch Gott nennen, oder?

Das würde erklären warum die meisten Religionen von einem allgegenwärtigen Gott sprechen. Oder von einem allmächtigen Gott. Der könnte natürlich die Zwerge lenken, denn er ist ja ihr Bewusstsein. Er könnte sie bewegen und würde ihnen somit Leben geben.

Jetzt könntest Du natürlich fragen, woher die Zwerge überhaupt kommen?

Na, die hat er erschaffen, weil er die Erfahrungen machen wollte. Die Natur und alles was es gibt, hat er auch erschaffen.

Gibt es einen solchen Geist und wie kannst Du ihn erkennen? Überlege mal, wie die erste Erkenntnis von ihm lautete? Weiß Du es noch? Ja genau.

ICH BIN

Merkst Du schon etwas? Wer sagt **ICH BIN**? Was war Deine erste Erkenntnis? Genau:

ICH BIN

Also wer ist dieser Geist? Du bist es! Und jetzt noch einmal kurz zu den Zwergen. Gäbe es einen unter ihnen der sich in dem Bewusstsein **ICH BIN** von einem anderen unterscheiden würde? Wohl kaum, sie sind ja alle von demselben Geist erfüllt.

Also, Du bist der Geist, ich auch und alle anderen auch. Auch die Natur der Planet, das Universum. Alles was ist, ist der Geist oder Gott, wenn Du Dich lieber so nennen möchtest.

Kannst Du ungefähr verstehen, was das bedeutet?

Ja genau. Es gibt keine Unterschiede zwischen der Schöpfung und dem Schöpfer.

Die Unterschiede, die Du meinst zu erkennen, bildest Du Dir nur ein. Oder vielleicht solltest Du es Dir so vorstellen. Die Unterschiede sind nur in der Zwergen Perspektive zu erkennen. Und nur zu dem Zweck vorhanden um unterschiedliche Erfahrungen zu erfahren.

Aber Deine eigentliche Perspektive ist die des Schöpfers, die des Bewusstseins.

Das Problem ist, dass Du glaubst ein Zwerg zu sein.

Erinnerst Du Dich an die erste Feststellung des Zwerges? Ja genau, er erkannte ICH BIN ein Zwerg. Stimmte ja auch. Allerdings nur bedingt, denn er war ja zuerst der Geist, der sich in den Zwerg hineinbegeben hatte.

Also Du denkst ICH BIN ein Mensch und begibst Dich somit in die Zwergen Perspektive. Verlierst den Überblick und schränkst Dich Das ist, was geschehen ist. Du bist das Bewusstsein ICH BIN und hast vergessen was oder wer Du bist.

Das macht aber nichts, denn Du fängst ja gerade an Dich wieder zu erinnern. Na das wird ja eine Freude werden, wenn Du erkennst wer Du wirklich bist. Vielleicht ahnst Du es schon, oder Du hast es bereits verstanden?

Es kommt allerdings auf das Gefühl an. Du musst es fühlen können, wenn es zu Deiner Realität werden soll. Du musst Dich daran erinnern, was Du warst bevor Du Dich als Mensch identifiziertest.

Erinnern ist wie aufwachen. Auf einmal weißt Du es, fühlst Du es mit Deinem ganzen Sein. Was für eine Freude!

Wer ist Gott?

Nun, die Frage ergibt sich eigentlich aus dem vorher gesagten. Gott ist der Geist, der sich in alles ergossen hat und überall zu dem Bewusstsein **ICH BIN** gelangt ist.

Dort macht er seine vielfältigen Erfahrungen mit der Welt. Er ist nicht nur in den Figuren, sondern auch die Figuren selbst. Er hat alles erschaffen, denn er ist der Schöpfer.

Dieser Geist ist reine Energie, die auf verschiedenen Frequenzen schwingt. Das kannst Du mit einem Radio vergleichen. Dort gibt es ja auch verschiedene Frequenzen auf denen Du Deinen Sender findest.

Gott hat auch viele Sender und es liegt an Dir, Dir Deinen Lieblingssender auszusuchen. Alles ist in Schwingung und jedes Ereignis, jede Situation hat ihre eigene Schwingung.

Und alle Schwingungen gemeinsam stellen eine kosmische Symphonie dar. Das ist aber ein anderes Thema.

Also wer ist jetzt Gott? Bist Du Gott, weil der Geist sich durch Deinen Körper ausdrückt?

Das kannst Du sagen, wenn Du dem Geist gestattest, dass er widerstandslos durch Dich fließt. Und da liegt noch das Problem. Du leistest noch Widerstand.

Gott will sich durch Dich ausdrücken. Vollkommen und in all seiner Herrlichkeit. Bis jetzt hast Du das noch verhindert. Dadurch verhindert, dass Du Dir Dinge gewünscht hast die ein schlechtes Karma erzeugt haben.

Wie Du weißt ist Karma ja das Gesetz von Ursache und Wirkung. Hast Du jemandem geschadet, so kommt dies auf Dich zurück. Das ist Gesetz. Dies gilt natürlich auch, wenn Du jemandem etwas Gutes getan hast. Dann kommt Gutes auf Dich zurück.

Da Du aber bisher so gelebt hast, dass Du egozentriert warst, kam unterschiedliches Karma auf Dich zurück.

Achso, über das Ego habe ich Dir noch nichts erzählt. Das Ego ist, wenn ein Zwerg meint es gibt keinen Geist und sich mit seiner Zwergenhaftigkeit identifiziert, nämlich vergessen hat was er vor dem **ICH BIN** gewesen ist.

So, wenn Du also meinst, dass Du der Körper bist, sind alle Deine Bedürfnisse auf Deinen Körper zentriert. Ohne den Geist, ohne Gott in Betracht zu ziehen. Daraus entstehen viele Probleme, denn dass Du nur ein Körper bist, ist einfach eine Illusion. Du bist nicht Dein Körper. Du bist der Geist, der diesen Körper belebt. Das Leben in diesem Körper, das bist Du.

Wenn Du also meinst, dass Du der Körper bist, dann kann der Geist nicht richtig fließen. Dann entsteht schlechtes Karma, weil Dein Ego Angst hat. Ja, das Ego erzeugt Angst, weil es mit der Komplexität des Lebens völlig überfordert ist. Wenn Du also ein sehr ängstlicher Mensch bist, dann lebst Du egozentriert.

Wenn Du aber an einen Gott glaubst, der alles richten wird, dann kommst Du der Wahrheit schon näher.

Also der Geist will fließen, will dass Du Dein Ego in seine Hände begibst und es ihm überlässt wie Dein LEBEN verläuft.

Je besser Du dies zulässt, desto mehr wächst die Erkenntnis in Dir, **ICH BIN** GOTT.

Ja genau. Wenn Du Deinen Widerstand aufgibst, dann wächst in Dir die Erkenntnis, dass Du Gott bist und dann wirst Du zum bewussten Schöpfer Deines Lebens.

Dann wird alles ganz einfach. Mit Gott ist alles einfach. Deine Gedanken und Deine Gefühle geben dem Fluss der göttlichen Energie die Richtung in der sie erschaffen soll.

Dein LEBEN wird zum Ausdruck Gottes. Er drückt sich durch Dich bewusst aus und erschafft durch Dich das Paradies auf Erden.

Nun, wer ist also Gott?

Er ist Energie hast Du gehört. Er ist der, der **ICH BIN** sagt in allem bewussten Leben, also ist er Bewusstsein. Dein Bewusstsein, also ist er auch Du. Aber auch jeder andere. Dein Nachbar auch.

Wenn Dein Nachbar Dich nervt, dann nervt Dich Gott. Ha, das wird dann aber schlechtes Karma. Du sollst Gott sein lassen wie er will. Auch durch die größten Deppen fließt sein Bewusstsein. Auch dort sagt er **ICH BIN**.

Je mehr Du zu dem Bewusstsein **ICH BIN** Gott vordringst, desto mehr Abstand gewinnst Du zu den Erscheinungen des Alltags. Du erkennst, dass auch schlechte Erfahrungen Bewusstsein bildend sind.

Aber es sind eben nur Erfahrungen und haben im Kern keine Bedeutung. Lediglich die, die Du ihnen beimisst. Oder eben den der Erfahrung. Du Gott, hast dann erfahren, wie sich dies oder jenes anfühlt. Da ist es dann egal ob es sich schlecht oder gut anfühlt.

Je mehr Du aber bemerkst, dass Du der Schöpfer Deiner Welt bist, desto mehr Gutes wirst Du erschaffen, denn wer will schon miese Erfahrungen machen?

Wie Du merkst, ist es müßig Gott beschreiben zu wollen. In den meisten Religionen heißt es auch: Du sollst Dir kein Bild von mir machen. Das liegt einfach daran, dass Gott alles ist was ist. Du müsstest also alles beschreiben, wenn Du Gott beschreiben willst.

Und übrigens. Es gibt auch keinen Gegensatz zu Gott. Der Teufel ist eine Erfindung der Kirche. Es gibt ihn nur in der Illusion des Egos. Mit Wahrheit hat das nichts zu tun.

Wenn Gott alles ist was ist, wo wäre dann noch Platz für etwas anderes, für etwas Gegensätzliches?

Und es gibt eben nur diese eine Energie, die in verschiedenen Frequenzen schwingt. Es gibt nur Gott, das kannst drehen und wenden wie Du willst.

Auch Du bist kein Gegensatz, selbst dann nicht, wenn Du egozentriert handelst. Dann erschaffst Du die Illusion einer schlechten Welt. Mehr nicht. Eine Illusion.

Wenn Du so willst ist das ein Gegensatz. Die Illusion, dass es etwas anderes gibt als Gott. Aber wer nimmt schon eine Illusion ernst?

Wenn Gott alles ist was ist, dann ist alles eine Einheit. Dann gibt es nur den EINEN. Du bist ein Teil davon, kannst aber aus der vollen Kraft des Ganzen schöpfen, wenn Du gelernt hast keinen Widerstand mehr zu leisten.

Was willst Du noch über Gott wissen?

Bewusst sein heißt auch bewusst fühlen. Gott kannst Du auch fühlen. Du kannst spüren wie die Energie Durch Dich hindurchfließt.

Wenn Du soweit bist, dann kannst Du alles erschaffen was keinem anderen schadet. Das ist die einzige Bedingung. Anderen zu schaden bedeutet schlechtes Karma und das blockiert den Fluss Gottes.

Auch schlecht über jemanden denken erschafft schlechtes Karma.

Du musst das so sehen: Gott ist Energie, die in alles fließt was Du denkst. Deine Gedanken sind also so etwas wie eine Form, eine Hülle in die Du die Energie hineinleitest. Schlechte Gedanken formen schlechtes Karma. Gute Gedanken formen gutes Karma.

Karma ist in jedem Fall eine Blockade, auch das gute.

vollkommene göttliche Ausdruck und frei von jedweder Form einer Blockade.

Das hört sich aber jetzt kompliziert an, oder?

Ist es aber nicht. Denn je mehr Du Dir Deiner Gedanken bewusst wirst, desto mehr kannst Du sie kontrollieren und dann wirst Du auch immer mehr erkennen was vollkommen ist und was weniger ist.

Das ergibt sich dann ganz von selbst. Es geht zunächst darum schlechtes Karma zu vermeiden. Dann kannst Du weitersehen.

Musst Du etwas werden?

Viele, die sich mit der Thematik befassen denken nun, dass sie Erleuchtung erlangen müssen oder ein Meister werden müssen.

Das ist aber ein Irrtum. Du musst lediglich lernen, keinen Widerstand mehr zu leisten. Ist der Widerstand aufgegeben, fließt das göttliche automatisch durch Dich hindurch und Vollkommenheit rückt an die Stelle der Illusionen.

Jesus hat sinngemäß gesagt: es bin nicht ich, der diese Werke tut, es ist der Vater der durch mich spricht. Und der Vater und ich sind EINS.

Das heißt, dass Du vollständig im Vater aufgegangen bist. Es ist der Vater der Dein Leben lebt. Wenn Dir dies bewusst ist, dann spricht man auch vom Christusbewusstsein.

Es bin nicht ich, der dies schreibt, es ist der Vater der Durch mich spricht.

Und **ICH BIN** nicht von Dir getrennt, denn auch Du bist **ICH BIN**. Alles ist EINS, EINS SEIN heißt Gott sein.

Also, Du musst nichts werden, Du musst nur an Deinen Blockaden, an Deinem Widerstand arbeiten. Den musst Du völlig aufgeben. Ja, das ist Arbeit, die sich allerdings lohnt, denn Du wirst auf diesem Weg immer mehr erkennen, dass für Gott alles möglich ist. Ja, und Gott, das bist ja Du!

Du kannst es nicht werden, Du kannst es nur sein.

Wie Du die Blockaden erkennst und sie beseitigst? Ja, das ist eine gute Frage.

Benutze zunächst Deinen Alltag als Spiegel. Wie sieht dieser aus? Bis Du frei oder befindest Du Dich in einer Abhängigkeit? Hast Du einen Nutzen für andere Menschen? Damit ist kein finanzieller Nutzen gemeint. Es kommt darauf an, dass Du jemanden unterstützt, zuhörst, wenn Dir etwas erzählt wird, es anderen Menschen ein gutes Gefühl macht, wenn sie Dir begegnen.

Wenn Du das eine zeitlang gemacht hast, dann wirst Du bereits einen ersten Eindruck davon haben, wie gut das Göttliche bereits durch Dich hindurchfließen kann.

Die Gedanken sind sehr wichtig, denn sie lenken Deine Aufmerksamkeit. Also müssen sie alle beachtet werden. Einfach mal irgendeinen „Schmarren" denken, solltest Du vermeiden. Immer nur förderlich und aufbauend denken.

Nie schlecht über andere denken. Denn der Gedanke ist zuerst in Dir und Du wirst seine Wirkung auch in Dir auszubaden haben.

Dann noch die Gefühle kontrollieren. Es vermeiden, dass Du aggressiv wirst. Unkontrolliert ausflippst. Du Depressionen bekommst, usw. eben alle Gefühle, die unangenehm sind zu vermeiden. Allerdings verdrängen wäre hier fehl am Platz.

Ja, mehr eigentlich nicht. Der Rest geschieht von selbst. Bedenke Du musst nichts werden. Du bist es bereits. Die Blockaden werden verschwinden, je mehr Du Dir bewusst machst, dass Gott in Dir ist, dass er Dein tatsächliches **ICH BIN** ist und Du niemals sterben musst.

Tatsächlich warst Du von Anbeginn der Zeit und wirst immer sein. Du bist ein Teil der Ewigkeit.

Man kann es auch so betrachten, dass der ganze Vorgang des Erkennens der Wahrheit ein Erinnern ist. Bevor Du Dich in die Zwerge begeben hast, wusstest Du ja wer oder was Du bist.

Also geht es eigentlich nur um die Erinnerung daran wer Du bist. Wenn Du morgens aus dem Schlaf aufwachst, dann weißt Du auch manchmal nicht wo Du bist und auch nicht wer Du zu sein glaubst.

Hier ist es nicht anders. Du hast nur vergessen wer Du bist. In dem Moment in dem Du Dich erinnerst, wird die Welt schlagartig eine andere sein.

Du wirst erkennen, dass Du nur eine Erfahrung machen wolltest als Du Dich in die menschliche Gestalt begeben hast.

Du wirst erkennen, dass Du über enorme Kräfte verfügst und niemals sterben kannst. Dein Körper kann sterben, Du aber niemals. Dein Körper ist nur übergestreift wie ein Kleidungsstück.

Aber auch er muss nicht sterben.

Wenn Du nun die ganze Angelegenheit aus energetischer Sicht betrachtest, dann hast Du Deine Frequenz gedrosselt, bist langsamer geschwungen und hast damit einen Körper erschaffen. Nun ist Deine Aufgabe Durch diesen Körper die höchsten Schwingungen des göttlichen auszustrahlen.

Das Göttliche den anderen Menschen zu zeigen und sie darauf hinzuweisen, dass auch sie göttlich sind. Nicht getrennt von Dir, sondern dasselbe **ICH BIN** sind, dass Durch uns alle strahlt.

Es gibt also nichts, was Du werden musst oder noch genauer, es gibt nichts was Du nicht bist. Du bist der Schöpfer und Du durchdringst alles was ist. Es ist nur eine Frage des Bewusstseins, eine Frage ob Dir dies bewusst ist.

Also erinnere Dich jetzt, mein Liebling.

Erkenne Deinen höchsten Ausdruck.

Wie kannst Du erkennen, wie Du bist? Wer Du bist, weißt Du jetzt, aber wie bist Du denn eigentlich?

Na ja, denke einmal zurück an das, was ich Dir am Anfang geschrieben habe. Dir wurde von anderen erzählt wie Du bist, Du hast es geglaubt und dann Dir gesagt, ICH BIN so oder so.

Nun, wenn Du willst kann ich Dir jetzt sagen wie Du bist, dann kannst Du Dich damit identifizieren und von Dir sagen ICH BIN...

Du kannst damit anfangen von Dir zu sagen, was Du bereits weißt.

ICH BIN das ICH BIN!

Das ist doch schon einmal ein guter Anfang. Und ja, Du kannst auf diese weise Dich mit allem identifizieren, was Du gerne sein möchtest. Deshalb bist Du ja hier und wurdest ein Zwerg, obwohl Du ein Riese bist. Symbolisch gesprochen.

Tatsächlich hast Du neben all den Erfahrungen, die Du machen Durftest, auch gelernt, wie man sich mit etwas identifiziert. Zum Beispiel mit Mangel, oder Krankheit, oder Depression. Ja, es waren meistens nur negative Erfahrungen, aber positiv bist Du seit Anbeginn der Zeit. Das Negative wolltest Du erforschen. Dazu musstest Du vergessen, dass Du allmächtig bist, sonst hättest Du Dich mit Deinen „übernatürlichen" Gaben aus den unerfreulichen Situationen gerettet. So, durftest Du sie erleben und erfahren.

Vielleicht denkst Du, nein, ich wollte ganz bestimmt nicht krank werden oder ständig hinter dem Geld herlaufen.

Doch, mein liebes Kind, das wolltest Du. Vielleicht kannst Du Dir vorstellen, dass ein Gott, der eins ist mit Allem, eine Erfahrung machen möchte, die er normalerweise niemals machen könnte und noch nie gemacht hat?

Da er weiß, dass ihm niemals etwas trennen kann, er also niemals Gefahr läuft in diesen negativen Erfahrungen unter zu gehen, warum sollte er dann nicht eine Illusion aufbauen, die ihm vorgaukelt, dass er getrennt ist von Allem?

Er weiß ja, dass es eine Illusion ist. Wo ist also das Problem?

Das Problem ist, dass Du jetzt vergessen hast wer und was Du bist. Das ändert aber nichts daran, dass Du bist was Du bist!

Jetzt musst Du nur noch geweckt werden. Dafür habe ich Dir dieses Buch geschrieben. Und dass Du es liest zeigt, dass Du bereit bist aufzuwachen.

Aufzuwachen aus der Illusion getrennt zu sein von Gott und allem anderen. Ein begrenztes Wesen zu sein, das ein Leben voller Probleme bewältigen muss.

Zunächst halten wir einmal fest, was Du nicht bist:

Du bist nicht Dein Körper

Du bist nicht Deine Gedanken

Du bist nicht Dein Verstand

Du bist nicht Deine Gefühle.

Du bist der, der all das beobachten kann. Du bist das Bewusstsein, dass immer vorhanden ist, niemals sterben kann, und sich mit allem identifizieren kann, worauf es gerade Lust hat.

Es ist ein Spiel, das Spiel des Bewusstseins. Es gibt nur ein Bewusstsein. Dein Bewusstsein und meines sind dieselben. Es gibt kein zweites. Und wir spielen das Spiel der Begrenzung.

So, jetzt ist es aber genug. Wir haben es lange genug gespielt und werden jetzt die Illusion beseitigen. Wir werden uns wieder mit unserem wirklichen Sein identifizieren. Genug Erfahrungen gesammelt.

Also, womit dürfen wir uns jetzt identifizieren um aus dem Traum zu erwachen. Wie können wir uns erinnern, wer wir sind?

Fangen wir damit an uns bewusst zu machen wie riesig der Geist ist. Bewusst sind sich derzeit ca. 8 Milliarden Menschen auf der Erde, dann all die Tiere, die ebenfalls bewusst sind. Die ganze Natur. All das ist von Bewusstsein Durchdrungen und Du hast zu all dem Zugang, denn Du bist all dies.

Das nur einmal, damit Du siehst, welch riesige Kraft Du bist. Da Du alles bist, weißt Du auch alles. Alles aus allen Perspektiven. Dir kann nichts entgehen.

Da Du in allem bist, bist Du auch allgegenwärtig.

Damit haben wir schon einmal drei Eigenschaften von Bewusstsein mit denen wir uns wieder verbinden können:

ICH BIN allmächtig.

ICH BIN allwissend.

ICH BIN allgegenwärtig.

Das sind schon einmal drei der vier Grundeigenschaften. Die Vierte werde ich Dir etwas später schreiben, denn dazu muss ich ein wenig ausholen.

Übrigens, es gibt keine Trennung zwischen Dir und mir.

ICH BIN jetzt bei Dir, lese mit Dir in dem Buch und helfe Dir das zu glauben, was die Wahrheit ist. Im Moment scheint es noch schwer zu sein, zu glauben, dass Du Gott bist, oder?

Das wird sich ändern und dann wirst Du alle Sehnsucht, die Du im Herzen trägst gestillt bekommen. Alles, was Du je begehrt hast, war immer nur kurzzeitig befriedigend, stimmt' s?

In der Wahrheit findest Du dauerhafte Befriedigung. Dauerhaftes Glück. Für immer. Die Wahrheit, wer und was Du bist, ist schon immer der Grund für Deine Sehnsüchte gewesen. Du hast nur immer gedacht, dass Du diese mit äußerlichen Dingen befriedigen könntest.

Jetzt wirst Du erreichen, was Dir dauerhaft Erfüllung all Deiner Sehnsucht bedeuten wird.

Wenn Du Dich nun fragen solltest, wie soll ich mich neu erschaffen, ich weiß ja überhaupt nicht wie **ICH BIN**, dann sollen Dir hier einige Hinweise gegeben werden, die Du als einen Art Grundgerüst benutzen kannst, um dann Deine eigenen Ideen umzusetzen. Außerdem werde ich Dir später einige Buchtipps geben, in denen sehr genau beschrieben ist, wie man lebt, wenn man zur Wahrheit erwacht ist.

Hier also jetzt einige Hinweise:

ICH BIN das ICH BIN

ICH BIN das LEBEN

ICH BIN LICHT

ICH BIN LIEBE

ICH BIN VERGEBUNG

ICH BIN das KIND GOTTES

ICH BIN FRIEDEN

ICH BIN FREIHEIT

ICH BIN EINS mit dem VATER

An diese wenigen Wahrheiten über Dich, solltest Du Dich immer erinnern.

Und wie machst Du das, wenn Du Dich an etwas erinnern willst? Du wiederholst es immer wieder, solange, bis es Dir nicht mehr entfallen kann. Stimmt`s?

So geht es auch hier. Du kannst es Affirmationen nennen oder Selbstsuggestionen oder Anker setzen. Egal wie Du es nennst und welche persönliche Methode Du normalerweise anwendest, wenn Du Dich an etwas erinnern willst, erinnere Dich einfach.

Es sind grundlegende Wahrheiten über Dich. Das bist Du in Wirklichkeit, das bist Du, so wie das **ICH BIN** Dich sieht.

Also öffne Dich jetzt für die Wahrheit. Schaue in Dich hinein und spüre die Impulse, die ich Dir gerade sende und nutze sie um Dein Bewusstsein zu erweitern.

Wir werden uns treffen und erkennen, dass wir schon immer EINS waren. Es immer sein werden. Trennung ist Illusion. ERWACHE JETZT!

Meditiere über die einzelnen Attribute. Vertiefe Dich hinein in die Wahrheit Deines SEINS. Je tiefer Du in Dich selbst hinein wanderst, desto mehr wirst Du zu dem was Du bist. Mit was Du Dich identifizierst, das bist Du. Deine Aufmerksamkeit ist der Schlüssel.

Nutze dazu Deine eigene Methode zu meditieren. Falls Du noch eine Idee benötigst wie man meditiert, dann kannst Du auch so vorgehen:

Setze Dich bequem hin, entspanne Dich so gut Du es kannst und achte auf Deine Atmung. Nur auf Deine Atmung. Einatmen – ausatmen – einatmen – ausatmen…

Dann kommst Du automatisch in eine noch größere Entspannung. Hier kannst Du dann über Deine neuen Eigenschaften meditieren. Darüber nachdenken was es bedeutet, wenn Du diese Eigenschaften leben gelernt hast. Und vor allem warten, was von Innen heraus Dir so alles einfällt. Das Ganze fließen lassen, nichts zwingen wollen, Dich dabei einfach wohlfühlen, treiben lassen…

Dann könntest Du jetzt einfach mal damit anfangen und sehen wie Du vorankommst.

Wie kannst Du die ICH BIN Gegenwart intensiver spüren?

Das kommt mit der Zeit ganz von selbst. Der Schlüssel dabei ist, dass Du Dir ständig, also immer bewusst bist, dass Du die **ICH BIN** Gegenwart bist.

Gegenwart deshalb, weil alles in der Gegenwart stattfindet. Gestern und morgen sind nur Gedankenkonstruktionen und nicht wirklich. Nicht mehr, oder noch nicht. Alleine die Gegenwart ist real und das **ICH BIN** findest Du dort. In der Gegenwart. JETZT bist Du die **ICH BIN** Gegenwart!

Dann kannst Du noch dadurch, dass Du zu Deinen Selbstsuggestionen noch folgende hinzufügst, ein stärkeres Gefühl entwickeln:

ICH BIN die mächtige **ICH BIN Gegenwart**. Ich fühle, spüre und empfinde dies ganz deutlich.

Wiederhole diese Aussage mehrmals und dann spüre in Dich hinein. Spüre wo Du zuerst in Dir fühlen kannst, dass Gott in Dir ist, dass er Dein wahres Selbst ist, dass Du Gott bist. Genau wie ich und alle andere Schöpfung. Ohne Ausnahme, alles ist Gott. Darüber solltest Du Dir im Klaren sein. Demut ist die Folge davon.

Nun, was kannst Du noch tun?

Es immer und immer wieder Dir bewusst machen. Immer und immer wieder. Du musst es praktisch einüben, als wenn Du für einen Marathonlauf üben würdest.

Anfänglich kannst Du vielleicht nur fünf Kilometer schaffen, aber mit der Zeit werden es immer mehr und dann, irgendwann, hast Du es geschafft.

So ist es auch hier. Anfänglich spürst Du vielleicht nur kurz, dass Du die ICH BIN Gegenwart bist. Ein kurzes Aufglühen und Du kannst merken, dass Du voran kommst. Dann wieder scheint sich nichts zu bewegen. Nur Beharrlichkeit wird Dich weiter voranbringen. Und auf einmal, vielleicht ganz plötzlich und unerwartet, bist Du angekommen.

Fühlst, spürst und empfindest ganz deutlich die mächtige **ICH BIN** Gegenwart, die Du bist. Dann gibt es keine Fragen mehr, dann weißt Du alles. Dann spürst Du endlich die Befriedigung nach der Du seit Jahrhunderten verzweifelt gesucht hast.

Im Hier und Jetzt vereint BIN ICH die **ICH BIN** Gegenwart!

Solcherlei Aussagen sind förderlich und dienen dazu, dass die Erinnerung Gewissheit wird. So solltest Du also vorgehen. Es Dir immer wieder und immer wieder vor Augen halten.

Auch wenn es Dir so scheint als würde es ewig dauern, es wird JETZT geschehen. Deine Erinnerung daran wer Du bist, warum Du bist und wie Du bist, wird JETZT einsetzen.

Ausdauer führt immer zum Erfolg!

Aber sehr wichtig ist, dass Du Dich dabei nicht verkrampfst. Siehe es mehr als ein Spiel. Mache es wie die Kinder. Spiele, dass Du die **ICH BIN** Gegenwart bist. Stelle Dir vor wie Du dann handelst. Dann handele so, steigere Dich hinein. Aber erzähle es niemandem. Das ist auch wichtig.

Wenn Du es anderen erzählst, werden die Dir wieder die Begrenzungen an den Kopf werfen, die Du jahrelang Dir anhören musstest.

Damit ist jetzt Schluss. Also behalte Dein Wissen über „wer Du bist", für Dich. Es ist Deine Wahrheit und diese ist geheim. Streng geheim.

Du sollst auch verstehen, dass nicht Du es bist, sondern der Vater in Dir, der diese Dinge tut. Also nicht das, was Du derzeit noch als Dein „ich" empfindest. Dies ist nämlich Dein Ego, Dein Körperbewusstsein und Du bist nicht Dein Körper.

Also dieses „ich" kann nichts tun, was Du als die lebendige **ICH BIN** Gegenwart tun wirst. Nun ja, wie Du dann bist kannst Du an dem Beispiel von Jesus dem Nazarener sehen. Er hat uns allen vorgelebt was wir sind.

Aber es gibt auch noch die Bücher, die ich Dir empfehlen werde. Dort wirst Du genau sehen können, was es bedeutet, die ICH BIN Gegenwart zu leben.

Eigentlich ist alles ganz einfach. Du brauchst nur Deine Aufmerksamkeit ständig darauf zu richten, dass Du das **ICH BIN** bist. Dann wird es nicht allzu lange dauern und Du wirst Dich vollständig mit der **ICH BIN** Gegenwart identifizieren. Und das ist dann der Moment, den man auch erwachen nennen kann.

Du erkennst: **ICH BIN** die **ICH BIN Gegenwart!**

Ja und dann solltest Du Deine **ICH BIN** Gegenwart lieben. Das ist äußerst wichtig. Wenn Du Angst oder sonst welche Bedenken vor ihr hast, dann kann das nichts sein.

Liebe sie abgöttisch, dann bist Du auf dem besten Weg zu Deiner Einheit, auf dem besten Weg diese zu erkennen.

LIEBE

Wie ist es denn, wenn Du jemanden liebst? Du fühlst Dich stark von der Person angezogen. Da erkennst Du dann schon die erste Eigenschaft von LIEBE. Sie wirkt wie ein Magnet. Sie hält alles zusammen, ist der Klebstoff im Universum.

Aber warum liebst Du jemanden? Vermutlich weil Du etwas suchst. Irgendetwas an der Person lässt Dich glauben, dass sie Dich glücklich machen kann.

Du glaubst, dass ihre Anwesenheit in Deinem Leben dieses vollkommen machen wird. Dass es perfekt wäre, wenn ihr zusammen wärt.

Anscheinend fehlt Dir etwas, was die andere Person Dir geben soll. Aber kann sie Dir das geben? Und was soll das genau sein?

Wenn Du Dir genau ansiehst, was man so allgemein für Liebe hält, dann wirst Du schnell erkennen, dass dies alles aus dem Bewusstsein erwächst, dass Du nicht vollständig bist und eine „bessere Hälfte" benötigst um ein Ganzes zu sein.

Woher kommen solche Ideen? Aus Deinem Ego, oder nennen wir es aus Deiner Illusion getrennt zu sein und Deinem Wunsch wieder ein Ganzes zu sein.

Es kommt daher, dass Du als Zwerg erkannt hast, dass Dir etwas fehlt. Ein Gegenpol, eine Ergänzung damit alles rund wird.

Also, wie Du nun schon weißt, kann hier etwas nicht stimmen. Das kann die LIEBE nicht sein, denn Du bist ja ein Ganzes. Du bist das Ganze LEBEN.

Eins stimmt aber, die LIEBE ist ein Magnet, der soweit geht, dass Körper sich in einander verschlingen. Sich in höchster Ekstase für Sekunden EINS fühlen, sich dann aber wieder getrennt und alleine fühlen.

Das ist also nicht die LIEBE, von der hier gesprochen wird. Diese Liebe ist Teil der Illusion.

Diese Liebe ist selbstzentriert und will etwas für sich. Will etwas erhalten, Vollständigkeit erlangen.

LIEBE ist aber ein gebendes Prinzip.

Betrachten wir einfach einmal die Tierliebe. Wie funktioniert das hier? Wenn Du ein Tier liebst, willst Du dann etwas von dem Tier erhalten?

Ja schon, aber eher weniger. Zumindest glaubst Du nicht, dass Du dadurch vollständig wirst. Hoffentlich.

Also diese LIEBE ist bereits eine gebende. Denn, wenn Du überlegst, was ein Tierfreund so alles für ein Tier in Kauf nimmt, dann ist diese LIEBE schon deutlich weniger selbstzentriert.

Einmal angenommen Du hast einen Hund, dann musst Du täglich mit ihm spazieren gehen. Er will sein Fressen immer pünktlich vorgesetzt bekommen. Und natürlich will er beschäftigt werden. Fellpflege usw. sind für einen Hundebesitzer Alltag. Alles aus LIEBE für das Tier.

Was macht der Hund? Er hat noch ein tieferes Verständnis von LIEBE. Wie oft kommt es vor, dass der Hundebesitzer seinen Hund nicht artgerecht versorgt. Denke dabei z.B. an einen Kettenhund. Auch dieser freut sich wenn sein Herrchen kommt.

Oder wenn der Liebling kurz alleine zuhause bleiben muss und Du kommst zurück, da freut er sich über alle Maße. Er ist voller Liebe für Dich. Egal wie Du ihn behandelst.

Die Hunde zeigen uns, wie bedingungslose LIEBE gelebt wird. Und das ist jetzt bereits die LIEBE auf die es ankommt. Das ist die LIEBE, die der „Klebstoff" des Universums ist.

Noch tiefer ist die Mutterliebe anzusehen.

Stelle Dir vor, Du willst gerne Mutter werden und planst seit einiger Zeit schwanger zu werden. Dann wirst Du schwanger und fühlst wie sich das Kind in Deinem Bauch entwickelt. Du fühlst seine Bewegungen und sprichst bereits liebevoll mit ihm. Dann kommt das Kind und Du musst dafür wahnsinnige Schmerzen aushalten.

Du bekommst dafür nichts und gibst aber alles. Vielleicht hast Du einen liebevollen Mann oder andere Familienmitglieder anerkennen Deine Leistung. Das bleibt aber eher im Hintergrund, denn im Vordergrund steht nun das Baby.

Du wickelst und fütterst es. Die Windeln sind andauernd voll. Das stinkt nicht, nein, das duftet.

Egal wie beschissen Du bist, ich liebe Dich, mein Liebling!

So, jetzt erkennst Du langsam von welcher LIEBE hier die Rede ist. Liebe ist nicht etwas das über

Dich kommt. Was über Dich kommt ist ver-liebt sein. Das ist wie ver-rennen, ver-irren, ver-laufen. Ein kurzes Strohfeuer und das war's dann.

Es geht darum zu lieben um der LIEBE willen. Zu geben, denn die LIEBE ist ein gebendes Prinzip. Du gibst LIEBE ohne etwas dafür zurück bekommen zu wollen.

Natürlich bekommst Du LIEBE zurück, aber darauf spekulierst Du nicht. Du gibst sie, weil Du sie liebst. Die LIEBE. Und Du teilst sie mit allen anderen. Nein, nicht sexuell. Das dürfte ja inzwischen klar sein.

Du hast für jeden Verständnis. Auch für die sogenannten Bösen. Du verstehst, dass jeder versucht sein Bestes zu geben und die meisten lediglich aus Angst negativ handeln.

Angst ist der Hindergrund für alle Aggression. Angst ist aber eine Illusion. Es gibt nichts wovor Du Angst haben musst.

Alles, alles, das ganze Universum ist auf Liebe aufgebaut. Die LIEBE hält alles zusammen. Nimm die LIEBE aus der Welt und die Welt wird nicht mehr existieren.

Sie ist das LEBEN in Allem. Durch sie wurde das Universum erschaffen. Gott oder der Geist liebt seine Schöpfung und nur deshalb kann sie bestehen.

Liebe ist Vergebung. Das resultiert daraus, dass Du erkennen kannst, dass niemand wirklich böse ist. Wir alle begehen oftmals einen Irrtum, weil wir die Welt noch nicht verstanden haben. Und nur deshalb. Sobald Du verstehst, aufgewacht bist, wird alles klar und eindeutig. Dann weiß Du wie das LEBEN funktioniert. Da gibt es keinen Irrtum mehr.

Aber Achtung, auch Dir selbst musst Du Deine Fehler vergeben. Fehler entstehen aus Unwissenheit. Also vergebe. Dir und anderen!

ICH BIN LIEBE! Denn, genau, Du bist ja der Geist. Du bist es, der Deine Welt erschafft. Was immer Du liebst, wirst Du in Deine Welt hineinziehen.

Also lasse Dich nicht von ängstlichen Gefühlen und Gedanken leiten, sondern von liebevollen, harmonischen, friedlichen.

Mache Dir auch selbst noch eigene Gedanken zur LIEBE. Finde Beispiele aus Deinem LEBEN.

Und bedenke dabei: Du bist die LIEBE, Du bist das LEBEN, denn Du bist der Geist der alles Durchdringt!

Du bist die Allliebe oder Barmherzigkeit. Dies ist die vierte Grundeigenschaft. Du liebst alles, denn alles ist Deine Schöpfung.

Der Sinn.

Wo liegt jetzt der Sinn in diesem ganzen Spiel? Warum durchlebst Du das alles?

Nun, der Geist will all die Erfahrungen machen, die er durch Dich macht. Die er nur durch Dich machen kann, denn Du bist einzigartig. Kein anderer Mensch hat dieselben Erfahrungen wie Du gemacht. Also kann der Geist diese nur durch Dich erfahren. Darum hat er Dich erschaffen.

Lange bevor Du in diesen Körper gegangen bist. In diesem Körper hat der Geist die Chance zu erwachen. Erwachen in einem Körper.

Aber warum geht das nicht einfach so automatisch, wie das Erwachen nach einem tiefen Schlaf auch automatisch geht?

Wieso scheint das so schwierig zu sein?

Auch hier geht es um die Erfahrung. Einfach so aufwachen wäre langweilig im Vergleich zu dem was Du gerade Durchmachst.

Es sind genau diese Erfahrungen, um die es geht. Nur Du kannst sie machen, kein anderer Mensch reagiert genauso wie Du.

Du bist extrem wichtig für den Geist. Gäbe es Dich nicht, würde ihm etwas Wichtiges fehlen, nämlich Deine Erfahrungen.

Also genieße es im Stadium des Erwachens zu sein! Das ist es, was Du Geist in diesem Körper gerade erfahren willst.

Und bald wird der Höhepunkt kommen. Nämlich dann, wenn Du erfährst wieder eins zu sein. Eins mit Dir selbst. Eins mit der gesamten Schöpfung, eins mit dem Schöpfer, der Du schon immer gewesen bist und immer sein wirst.

Ein Orgasmus kann Dir bestenfalls eine vage Ahnung davon vermitteln. Die Ekstase die Du dann erleben wirst, ist unvorstellbar. Dann wirst Du denken, dass sich dafür alle Mühe gelohnt hat. Alle Schmerzen, alle Enttäuschungen, alle Mühsal bekommt auf einmal einen Sinn.

Denn Du Geist, hast Dich dadurch weiterentwickelt. Hast Erfahrungen gemacht, die nur auf diese Weise möglich waren.

Deine lebendigen Erfahrungen, die aus der Illusion, wie eine Welt ohne einen Geist wäre, gemacht wurden. Gemacht auch durch Dich. Deshalb bist Du ja so wichtig für den Geist.

Der kosmische Hintergrund.

Du kennst ja die Zyklen von den Jahreszeiten. Die Erde dreht sich um die Sonne und dadurch entstehen die Jahreszeiten.

Aber was ist mit der Sonne? Ist sie am Himmel fest getackert? Wenn Du genau hinsiehst, dann ist alles in Bewegung. Warum sollte die Sonne also an einem festen Punkt stehen?

Dieser Gedanke kann dadurch entstehen, dass wir nicht sehen können, dass sich die Sonne auch bewegt.

Aber aus uralten Aufzeichnungen, den Veden, kannst Du erfahren, dass auch die Sonne sich dreht. Um die Zentralsonne.

Der Umlauf unserer Sonne um die Zentralsonne dauert ca. 24.000 Jahre. In dieser Zeit gibt es eine Dunkle Phase, wie in unserem Winter, und eine helle Phase, wie in unserem Sommer. Dazwischen die Phasen in denen ein Übergang stattfindet.

Jede einzelne Phase dauert ungefähr 6.000 Jahre, wie Du selbst errechnen kannst.

Wir befinden uns gerade, kosmisch gesehen, in der Frühlingstagundnachtgleiche. Die letzten 6.000 Jahre waren extrem dunkel und kalt.

Denke an Sklaverei, Waffen, Kriege... es macht keinen Sinn näher darauf einzugehen. Es geht nur darum festzustellen wo wir uns in diesem größeren Zyklus befinden.

Also, kosmisch gesehen, wird es jetzt wieder heller in unserem Sonnensystem. Es strömt mehr LICHT in unsere LEBEN, auch in Deines. Egal wie Du Dich gerade fühlst.

Und Durch das LICHT verschwindet die Dunkelheit automatisch. Ja, genau Du hast richtig gehört, automatisch. Die Dunkelheit muss nicht bekämpft werden. Oder hast Du schon einmal erlebt, dass, wenn Du das LICHT einschaltest dieses zuerst die Dunkelheit bekämpfen muss, um es hell werden zu lassen?

Licht geht an – Dunkelheit ist verschwunden. Sofort! Die Dunkelheit weicht kampflos dem LICHT.

Wie Du weißt ist an der Wintersonnenwende der Winter noch nicht zu Ende. Es wird nur langsam hell und kalt kann es auch noch sein. Aber es wird täglich heller, unaufhaltsam. Das LICHT kehrt zurück.

Und dann kommt die Frühlingstagundnachtgleiche. Und hier befinden wir uns gerade im kosmischen Zyklus.

Das LEBEN kehrt zurück und alles erblüht in neuem Glanz. Durch die Dunklen Erfahrungen gestärkt.

Was hat das mit Dir zu tun? Nun, es geht darum, dass in der Dunklen Zeit es recht schwierig ist, zu erkennen wer Du bist. Die dunkle Illusion scheint das LEBEN schwer zu machen.

Jetzt geht es aber aufwärts. Das LICHT ist zurück und das hilft Dir Dich an Dein Selbst zu erinnern. Es hilft Dir zu erblühen. Zu erkennen wer Du in Wirklichkeit bist.

Natürlich musst Du noch an Dir arbeiten, musst Du noch wachsen. Schau in die Natur, auch eine Blume hat einige Arbeit an sich zu leisten bis sie die Blüte hervorbringen kann.

Aber das geht jetzt automatisch. Das wird es auch bei Dir. Allerdings, ohne Dein bewusstes Tun wird es nicht gehen. Aber Du tust ja!

So, um den Zyklus abzuschließen sei noch gesagt, dass die nächsten 12.000 Jahre ein goldenes Zeitalter auf- und dann aber auch wieder absteigen wird. Bis dahin bist Du aber bereits in eine andere Dimension aufgestiegen. Dann bist Du zu LICHT geworden, oder besser gesagt, Dir ist es voll bewusst, dass Du LICHT bist, immer gewesen bist und immer sein wirst. Dabei wird Deine Identität aber immer erhalten bleiben.

Licht ist LEBEN. Auch das kannst Du in der Natur erkennen.

Zusammenfassung

Eigentlich ist das ganze Büchlein bereits eine Zusammenfassung dessen, was hier abgeht.

Aber es soll für Dich noch einmal auf den Punkt gebracht werden.

Du bist der große Geist. Du drückst Dich Durch Deinen Körper aus und sammelst mit seiner Hilfe Erfahrungen.

Leider hast Du vergessen, dass dies so ist und hast Dich mit dem Zwerg identifiziert. Dies war aber auch nicht zufällig, denn nur so waren Deine vielfältigen Erfahrungen möglich.

Wenn Du Deine Erfahrungen auf einen Punkt bringen willst, dann könntest Du sagen, dass Du die Erfahrung gemacht hast ein getrenntes Wesen zu sein, dass sich völlig alleine Durch die Dunkelheit schlagen muss.

Dein **ICH BIN** ist Dein wirkliches Wesen. Dieses ist reines Bewusstsein. Bisher hast Du an das **ICH BIN** eine Menge Begrenzungen angehängt, wie zum Beispiel: ich bin arm, krank oder irgendwelche andere Unvollkommenheiten.

Das soll jetzt geändert werden, indem Du Dir bewusst wirst, dass Du der Geist bist und Du von nun an nur noch Deine Göttlichkeit bestätigst.

Dann sollte Dir bewusst werden, dass der Geist einen Willen hat. Einen Willen, der Dein tieferer Wille ist. Dieser Wille hat keine Sachen, Dinge zum Ziel. Er will nichts für sich haben. Sein ganzes Bestreben ist es, sich zu erweitern. In Dir einen bewussten Mitschöpfer zu haben.

Das bedeutet für Dich, dass Du geben lernen musst. Mehr als bisher. Für sich selbst benötigt der Geist nichts, denn er ist ja alles was ist.

Also gibt er allen anderen Zwergen seine LIEBE mit auf ihren Lebensweg, damit sie sich auch wieder erinnern und seine Göttlichkeit zum Ausdruck bringen.

Wie kannst Du jetzt vorgehen? Einmal angenommen Du bist arm oder krank, wie sollst Du da erkennen, dass Du der Geist bist?

Unter den schwierigen Bedingungen der dreidimensionalen Welt seine Göttlichkeit zu erkennen, erscheint zunächst recht aussichtslos.

Aber, es gibt einen Weg.

Da Du ja der Geist bist und Deine ganze Problematik, in der Du Dich befinden magst, darauf zurückzuführen ist, dass Du Dich mit dem Zwerg identifiziert hast, wirst Du jetzt Deine ganze Aufmerksamkeit darauf richten, dass Du der Geist bist und Du nur Vollkommenheit bist.

Da der Geist nur LIEBE will, kannst Du seinen Willen immer willkommen heißen.

Also: DEIN WILLE geschehe, ist der Schlüssel.

Wenn Du also aktuell auf irgendeine Weise leidest, dann weißt Du jetzt, dass dies der Wille des Geistes ist. Er will Dir helfen, indem er Dich mehr oder weniger unter Druck setzt, Dich zu erinnern, dass Du der Geist bist. Dass Du ER bist.

Jetzt könntest Du einwenden, dass Gott nur Gutes für seine Kinder erschaffen will. Das stimmt. Hier geht es aber nicht darum was Gott will.

Hier geht es darum, dass Du seinen Willen akzeptierst. Egal was er von Dir erwartet. Dass Du Deinen Willen zu seinen Gunsten aufgibst. Und dann wird sich alles lösen. Wirst Du frei von Deinen Irrtümern und Deiner Dunkelheit.

Dann richtest Du Deine Aufmerksamkeit nur noch auf das Licht, die LIEBE, auf die Vollkommenheit allen Lebens.

Ich sehe schon, Du solltest noch ein Beispiel haben.

Stelle Dir vor, Du stehst mit all den anderen Zwergen mit dem Rücken zur Sonne.

Dann siehst Du ja nur Schatten und hältst diese für das Sein. Alles erscheint bedrohlich und es ist nur schwer oder überhaupt nicht möglich auf die Schatten dauerhaften Einfluss zu nehmen. Eine Schattenwelt in der Du immer nur verlierst und niemals gewinnen kannst, denn, es sind nur Schatten und als solche haben sie keine Substanz. Eigentlich sind sie nichts, eben nur Schatten.

Jetzt, stelle Dir vor, Du drehst Dich um. Schaust von jetzt an in die Sonne. Dann siehst Du Deinen Schatten nicht mehr.

Je länger Du in die Sonne siehst, desto mehr wirst Du vom LICHT durchdrungen und das LICHT scheint auf einmal durch Dich hindurch. Du wirst zur Sonne.

Wenn Du Dich dann wieder umdrehst, dann siehst Du die Schatten der anderen, aber Du selbst wirfst keinen mehr. Im Gegenteil, da wo Du hingehst, wird es hell. Die Schatten der anderen verschwinden durch Dich. Du beleuchtest alles in Deiner Umgebung.

Also, wo immer Du jetzt stehst, es ist Gottes Wille, der Dich aufwecken will. Also danke ihm für Deine aktuelle Situation.

Dann drehe Dich um. Richte Deine gesamte Aufmerksamkeit auf den Geist, auf Deine **ICH BIN** Gegenwart.

Den Rest kannst Du Gott überlassen.

Alles ist gut!

Es ist SEIN Wille, dass Du erwachst und erkennst, dass Du ER bist. Es ist SEIN Wille, dass Du jetzt Deine Erfahrungen abschließt und Dir wieder Deiner SELBST bewusst wirst.Schreib Dir das hinter die Ohren! Es ist SEIN Wille den Du erfüllst, wenn Du Dich erhebst und erkennst dass Du ER bist!

Was kannst Du noch tun um Deine SELBSTerkenntnis zu beschleunigen?

Da können Dir die folgenden Bücher behilflich sein. In diesen wird das LEBEN eines erwachten sehr genau beschrieben.

Auch wenn sich manches in diesen Büchern wie ein Märchen anhört, gehe davon aus, dass es die Wahrheit ist.

Bücherliste

Leben und Lehren der Meister im Fernen Osten, erschienen im Schirner Verlag. Von Baird Spalding.

https://www.schirner.com/katalog/leben-und-lehren-der-meister-fernen-osten-p-21415.html

Dann, im Saint Germain Verlag die Bücher von Godfrè Ray King:

Enthüllte Geheimnisse

https://www.saint-germain-verlag.de/enthuellte-geheimnisse.html

Die magische Gegenwart

https://www.saint-germain-verlag.de/magische-gegenwart.html

ICH BIN

https://www.saint-germain-verlag.de/33-reden.html

So, dann kannst Du Dich auch noch bei mir melden, wenn Du das Bedürfnis hast über Deine spezielle Lage zu sprechen.

www.aufstiegscoach.de

Bleibt nur noch, Dir ein fröhliches Aufwachen zu wünschen. Sei gesegnet!

ICH BIN Eckhard